내 이름은 준휘야. 난 오늘 서비스 직업에 대해 알게 되었어. 어떤 직업인지 볼래?

글 | 김주현 세무사

세무사로 일을 하며 두 아이와 함께 매일 삶을 배우고 있습니다. 책에서 배우는 내용과 더불어 실생활에 활용할 수 있는 경제 이야기를 교육하고 있습니다. 우리 아이들이 커 나가는 세상이 더욱 행복한 세상이 되기를 희망합니다.

그림 | 김현정

대학에서 그래픽디자인을 전공했습니다. 그린 책으로 《개구리가 폴짝!》, 《해바라기가 활짝》, 《물을 찾아봐!》, 《스토리버스 STEP 1-9》, 《초등 도형 구구단 완주 따라 그리기》, 《5세에는 즐깨감 수학 측정과 분류》 등이 있습니다.

감수 | 미래에셋투자와연금센터

2004년 설립 이후 투자자들이 성공적으로 자산 관리를 할 수 있게 도우며 올바른 투자 문화 정착시키기를 목표로 하고 있습니다. 투자 관련 연구, 콘텐츠 개발과 함께 투자자들을 대상으로 한 교육을 꾸준히 진행 중입니다. 특히 '우리아이 경제교육'과 같은 재미있는 프로그램을 통해 어린이 경제 교육에도 큰 노력을 기울이고 있습니다.

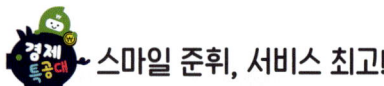

스마일 준휘, 서비스 최고!

글 김주현 세무사 | 그림 김현정 | 감수 미래에셋투자와연금센터
초판 1쇄 발행 2024년 5월 2일
펴낸곳 (주)아람북스 | 펴낸이 이병수 | 주소 서울특별시 성동구 성수이로 147, 아이에스비즈타워 2F
고객센터 1577-4521 | 팩스 02-412-3382 | 홈페이지 www.arambooks.com | 출판등록 제2020-000010호
기획 편집 아람 구름돌 | 디자인 구름돌 | ISBN 979-11-6543-819-7

ⓒ (주)아람키즈
이 책은 저작권법에 따라 보호를 받는 저작물이므로 무단전재와 무단복제를 금합니다.
이 책 내용의 전부 또는 일부를 이용하려면 저작권자의 서면 동의를 받아야 합니다.

● 눈을 편안하게 해 주는 친환경 식물성 원료인 콩기름 잉크로 인쇄하였습니다.
▲ 책 모서리가 날카로워 다칠 수 있으니 사람을 향해 던지거나 떨어뜨리지 마십시오.
▲ 종이에 베이거나 긁힐 수 있으므로 주의해 주십시오.

스마일 준휘, 셔비스 최고!

글 김주현 세무사 | 그림 김현정 | 감수 미래에셋투자와연금센터

아람

"준휘야, 너는 정말 잘 웃는구나."
"준휘, 넌 어떻게 그렇게 친절하니?"
준휘는 친구들과 어른들한테 이런 말을 자주 들어요.
항상 웃고, 모두에게 친절하거든요.
그래서 유치원에서 스마일 상을 받았어요.
스마일 상은 웃는 얼굴이 그려진 배지였지요.
준휘는 그 배지가 정말 맘에 들었어요.

토요일 오후,
준휘는 동생 준모랑 텔레비전을 보고 있었어요.
텔레비전에서는 서비스 직업을 가진 사람들이 나와
자신들이 하는 일에 관해 이야기하고 있었지요.

"형, 저 사람들도 형과 같은 배지를 달았어."
준휘가 자세히 보니 정말 자기 배지와 같았어요.
'서비스 직업이 뭔데 스마일 배지를 달고 있을까?'
준휘는 서비스 직업이 궁금해졌어요.

그때였어요.

"준휘야, 준모야, 미용실 갈 시간이야. 어서 준비하렴."

준휘는 잠바를 챙겨 소파에 앉으며 엄마에게 물었어요.

"엄마, 서비스가 뭐예요? 서비스 직업은요?"

"흠, 서비스는 사람들을 돕거나 일을 대신해 주는 거란다. 그 대가로 돈을 받는 직업이 서비스 직업이고."

엄마가 상냥하게 대답했어요.

"일을 대신해요? 에이, 시시해.
그런데 왜 서비스하는 사람들에게 스마일 배지를 달아 줘요?"
준휘는 아까 텔레비전에서 나온 사람들이 자기 것과 같은
스마일 배지를 달고 있는 이유가 궁금했어요.
엄마는 준휘를 보고 웃으며 말했어요.
"준휘야, 미용실 가서 이야기하자."
준휘네 가족은 집을 나섰어요.

"준휘, 준모 왔구나."
미용실에 도착하니 미용사 누나가 반갑게 맞아 주었어요.
"준휘 머리가 많이 자랐네. 어떻게 잘라 줄까?"
미용사 누나가 친절하게 웃으며 물었어요.
준휘가 원하는 머리 모양을 말하자,
누나가 멋지게 잘라 주었지요.
"맘에 드니?"
"네, 좋아요."
준휘는 기분이 좋아 웃었어요.

잠시 뒤, 엄마는 미용실을 나오며 준휘에게 말했어요.
"준휘야, 미용실 누나가 머리를 마음에 들게 잘라 주고
항상 웃으며 대해 주니 기분이 좋지?
미용사 누나가 준휘에게 서비스를 잘해 준 거야.
미용사가 바로 서비스 직업이란다."
준휘는 그제야 서비스 직업이 뭔지 알 것 같았어요.

"준휘야, 미용사 누나가 머리를 예쁘게 잘라 주어도
화나거나 무뚝뚝한 표정으로 준휘를 대하면 어떨까?"
"싫어요. 난 미용사 누나가 항상 웃어 주는 게 좋아요."
"맞아. 서비스하는 사람은 서비스받는 사람에게
항상 친절하게 웃으며 대하려고 노력한단다.
텔레비전에 나온 사람들이
스마일 배지를 단 것도 그 때문이 아닐까?"
준휘는 고개를 끄덕이며 생각했어요.
'서비스 직업이 시시한 게 아니구나.'

"나온 김에 우리, 아빠를 만나 식사하자."
준휘네는 외출했던 아빠를 만나 식당에 갔어요.
식당에는 음식을 나르는 로봇이 있었어요.
"와, 신기하다!"
준휘와 준모는 로봇이 신기해 쳐다보았어요.
"요즘 정말 사람 대신 로봇이 하는 일이 많아졌군."
"그러게요. 전에 있었던 직원이 아주 친절했는데, 아쉬워요."

"로봇이 사람 대신 힘든 일을 하면 좋은 거 아니에요?"
준휘가 아빠에게 물었어요.
"그건 그렇지. 하지만 사람의 감정을 세세하게
알고 대하는 일은 아직 로봇이 할 수 없단다.
로봇이 사람처럼 서비스를 완벽하게 하기는 힘들지."

아빠가 자상하게 설명해 주었어요.

"준휘는 커서 무엇이 되고 싶다고 했지?"

"경찰관이요! 멋진 옷을 입고
나쁜 사람을 혼내 주는 일을 하고 싶어요."

"그래. 경찰관은 많은 사람을 도와주는 일을 하지.
그래서 경찰관도 서비스 직업이야."
"네? 정말이요?"
"그럼, 우리를 보호하고 어려울 때 도움을 주지.
경찰관은 다양한 사람들을 만나 일을 처리하기 때문에
로봇이 대신하기 힘든 직업이란다.

경찰관은 사람들을 도와주는 보람된 직업이지만,
경찰관의 몸과 마음을 힘들게 하는 사람들 때문에
힘든 직업이기도 해."

'마음이 힘들다고?'
준휘는 고개를 갸우뚱했어요.
그때였어요.
"아니, 언제 물을 줄 거야?"
옆 손님이 고래고래 소리를 질렀어요.

"죄송합니다, 손님."
직원이 물을 갖다주며 사과해도
그 손님은 불친절하다며 계속 소리쳤어요.

아빠가 조심스럽게 준휘에게 말했어요.
"준휘야, 서비스하는 사람이 친절하게 하는 것도 중요하지만,
서비스받는 사람도 예의를 갖추어야 한단다.
저렇게 함부로 하면 서비스하는 사람 마음이 얼마나 힘들겠니?"
준휘는 그제야 마음이 힘들다는 게 무슨 말인지 알았어요.

"맞아요. 나도 어제 은행으로 고객이
전화해 소리를 지르는 바람에 속상했어요."
엄마가 어제 일을 떠올리며 말했어요.
"어? 엄마가 하는 일도 서비스 직업이에요?"
"그럼. 은행에 온 고객들을 상담해 주고
은행 일을 도와주는 서비스 직업이지."
엄마의 말에 갑자기 준휘는 미안해졌어요.
엄마가 하는 일도 시시하다고 말한 것 같아서였지요.

준휘 가족은 식당을 나와 집으로 향했어요.
"엄마 아빠, 저는 커서 꼭 사람에게 도움을 주는
멋진 경찰관이 될래요.
그리고 지금은 엄마 아빠에게 즐거움을 서비스할래요."
준휘는 엉덩이춤을 추며 말했어요.
"우리 준휘 서비스가 최고구나!"
하하, 호호, 준휘네 가족은 즐겁게 웃었어요.
준휘와 준모는 오랜만에 엄마 아빠의 손 그네 서비스를 받으며
행복하게 집으로 돌아갔답니다.

서비스 직업을 알아보아요

서비스를 소비자에게 제공하고 돈을 버는 직업이 서비스 직업이에요.
경제가 발달하면서 서비스 직업의 종류도 점점 많아지고 다양해지고 있어요.

결혼에 관한 모든 것을 준비하고 진행을 도와주어요.

배우나 모델 등에게 화장을 해 주어요.

반려동물의 털을 깎아 주는 등 미용을 해 주어요.

| 반려동물 미용사 | 호텔리어 | 메이크업 아티스트 |

서비스는 이렇게 해요
소비자가 원하는 것을 정확하고 친절하게 알려 주어요.

서비스는 이렇게 받아요
서비스하는 사람의 말을 집중해서 듣고, 서비스하는 사람에게 함부로 소리를 지르거나 욕을 하지 않아요.

사람들이 기차, 비행기, 배를 안전하게 이용하도록 도와주어요.

소비자가 호텔을 잘 이용하도록 안내해 주고 도와주어요.

여행 정보를 알려 주는 등 여행에 도움을 주어요.

| 여행 가이드 | 웨딩 플래너 | 승무원 |

로봇과 서비스 직업

요즘 로봇이 사람 대신 많은 일을 해요. 로봇은 스스로 작업하는 능력을 갖춘 기계로, 미래에는 로봇이 사람들의 직업을 대신하는 경우가 더 많아질 거예요. 로봇이 하는 일을 알아보고, 미래에 어떤 직업이 필요한지 생각해 보아요.

산업용 로봇

현재까지 로봇 중에 가장 큰 비중을 차지해요. 무거운 물건을 나를 때나 반복적이고 세밀한 작업이 필요한 자동차를 만드는 작업 등에 많이 사용되어요.

서비스 로봇

사람이 하는 일을 도와주는 로봇이에요. 청소와 같은 집안일을 해 주는 가정용 로봇, 학습을 도와주는 교육용 로봇, 장소를 안내해 주는 안내용 로봇 등이 있어요.

청소 로봇은 사람들이 가장 많이 사용하는 서비스 로봇이에요. 구석구석 돌아다니며 먼지나 쓰레기 등을 청소해 주어요.

🌱 특수 목적용 로봇

사람이 하기 어려운 일을 대신해 주는 로봇이에요. 정밀한 수술을 해 주는 의료용 로봇, 사람이 하기 어려운 곳에 들어가 불을 꺼 주는 화재 진압용 로봇, 우주에 나가 우주의 정보를 모아 전달해 주는 우주 탐사용 로봇 등이 있어요.

화재 진압용 로봇은 센서가 있어 화재를 감지하거나 간단한 화재를 진압하는 일을 해요.

🌱 휴머노이드

사람의 모습과 비슷하게 만들어 사람과 상호 작용을 하면서 사람의 일을 대신하는 로봇이에요. 사람에게 다양한 서비스를 제공하는 역할을 목표로 하고 있지요. 미래에는 정말 사람처럼 생각하고 대화할 수 있는 로봇을 개발하기 위해 노력하고 있어요.

서비스 직업은 로봇이 하기 어려워요

로봇은 프로그램된 대로 동작하기 때문에 사람의 다양한 감정을 알아차리는 일은 아직 잘 못해요. 그래서 미래에 로봇이 할 수 없는 일을 꼽으라면 서비스 직업을 꼽기도 해요. 다양한 사람들을 세심하게 도와주는 서비스 직업이야말로 미래에 꼭 필요한 직업이라고 할 수 있지요.

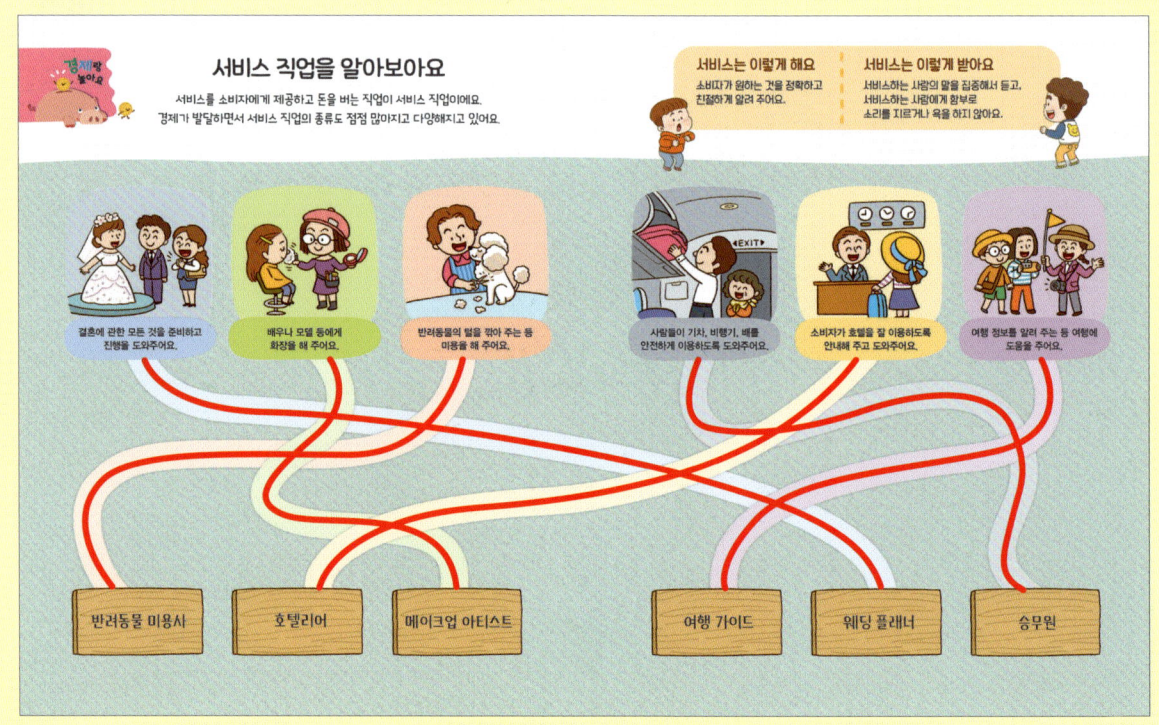